김 정 희 시집

오늘 시작했어요

제3의 문학

서문

돌이켜 보면 살아오면서
하고 싶은 일도 많았고
하고 싶은 말도 많았다.
그러나 삶은 그리 녹록지 않았다.
더러는 익어가는 아픔과 갈등도 있었다.
양보하고 인내하며 살려고 했다.
때로는 가슴속 응어리가 꿈틀대는
용암이었기에
한 줄 두 줄 생각을 품었다.
지나온 시간과 눈 마주치며
발가벗은 부끄러운 심정으로
첫 시집을 문 밖에 놓는다.
마음 한 켠이 홀가분한 자리로 떠다민다.

2019년 봄이 오는 소리에

김 정 희

차 례

차 례

제2부_ 바람이었다

차 례

제3부_ 혼술

1부

사람의 씨앗

네 속이 궁금해

절제된 풍만함
살며시 옷 벗으면
비단처럼 매끄러운 살결
무엇을 품고 있을까
도무지 알 수 없는 속내
향기만 훔치고 돌아서서
나 홀로 서럽다

초로인생

겨자 씨앗 주머니 터뜨렸네
숙명의 돛을 달고
하늘 찌를 듯 솟아오르다
거친 세파에 힘들고 지칠 때면
속도 없고 겉도 없는
뫼비우스의 띠가 되어볼까

내 청춘에게

내일은 몇 알 남은 고추를 따다
간장을 끓여 붓고
장아찌를 담아야겠다며
따스해진 잠자리에 파묻혔다

아침에 눈을 뜨니
온몸이 얻어맞은 듯 욱씬거린다
가을비가 내리고 있었다
그래서 내 몸이 반응을 했었구나

발끝도 쭉 뻗어보고
어깨 너머 목 줄기도 몇 번 돌리고
침대에서 내려오는데
무릎에서 발목에서
자갈돌 굴리는 소리가 난다

이렇게 점점 시들어져 가는구나
내게 남은 날들이 얼만큼인지 모르겠지만
생명이 속삭이는 그날까지
그래도
의미를 찾아 헤매야겠지

진한 커피향 속으로 스미는
내 청춘에게 건배

어떤 인연

까마중 하나 굴러왔다네
까맣고 조그만 것이
예쁘고 사랑스러워
손바닥에 올려놓고
요리조리 굴리며
흙진주처럼 빛나거라
콧기름 발라가며
애지중지 하였다네

숨겨진 흡혈관
들이대는 줄도 모르고
따끔거리고 아파도 내탓이려니
묵언수행 하였더니
박달나무가 구새통 되어버렸나
터질 듯한 몸뚱이로 나뒹구네

속빈 강정 드러내 보이면
쏟아지는 냉소
빙수 한 바가지 끼얹은 듯
몸서리 쳐진다

밥

갓 지은 밥만 고집하는 밥 서방
맛난 음식 만들어
빈속을 채우고 정담 나누는 것이
밥순이의 행복이었다

시간의 굴레가 커질수록
짧기만 한 일상
가끔은 외식하고 싶은 날도 있는데
배꼽시계는 잘도 울린다

삼십 년이 되는 지금도
내 손맛이 더 좋은지
밥 타령은 여전하다

너의 의미

물길 끝에
당신 있을 것 같아
물 따라 갔습니다
구름 위에
당신 있을 것 같아
새들 따라 갔습니다

그러나 당신은 없었습니다

어디에도 없는 당신
어떻게 찾아야 하나요
구름바다 속이라도
수평선 끝이라도
나는 뛰어갈 텐데

도깨비 우물

희야!
샘에 들바더 보지 마래이
와 예?
도깨비 나온 데이

할머니 장에 가신 날
샘을 들여다보았다
새털구름 양떼구름
소녀가 빼꼼 날 본다

할무이예!
샘에 도깨비 없어예
봤나?
아야 니 빠질까봐 그랬지

두레박 철철철 물이 넘치듯이
마르지 않던 할머니 사랑

몸부림

깊은 겨울 속에 바람이 분다

모자람을 자책하며 통곡하는 밤
아픈 이별을 나눈 막막함으로
시린 맘 덮어보려 애쓰지만
바람은 그마저 허락하지 않는다

햇살을 보낸 밤 그림자 속에
바람 부는 대로 휘청거리는 가지 위
부엉새 한 마리 울어 예는 겨울밤은
더디기도 하여라

그래도 그렇더라도
너를 추억할 수 있는
밤이기만 하여라
밤이기만 하여라

어처구니없는 이별

한 줄기 섬광이 새벽을 찢던 날
규칙과 질서가 무너졌다
아비규환의 물결 지축을 흔들었다
질곡의 시간 흐를수록 커져가는 공포
죽음의 행렬 속에 살아남기 위한 몸부림
네가 오기로 한 그 자리
내가 가기로 한 그 자리
방향을 잃어버린 우리들 끝내
만날 수 없었다
가슴 떨리는 어떤 울림도
생이별을 막을 수 없었다
6.25!
동족상잔의 비극
육십칠 년 어처구니없는 이별
망각의 조각들 이 땅에 박혔다
이제 하늘에서도 땅에서도
바람처럼 구름처럼
자유롭게 오고 가고파

상처

유월!
님 가신 그 자리
목마른 들판은
숨을 헐떡이고
잔디도 지쳐 온 몸 웅크린다

허리 잘린 호랑이
몸부림치는 땅 위에
쑥부쟁이 망촛대
여전히 불 밝히는
유월의 상처 위에
꿀단지 열어놓은 들꽃
벌 나비 주린 배 채워준다

언제쯤이나
한 핏줄 동여맨
철조망 허리띠 풀어 놓고
오순도순 옛이야기
웃음꽃 피우려나

사랑이라는 이름

빗방울 닮은 눈빛의 무덤덤한 옆 지기
손주들에게는 사랑이 남달랐던 어머니
스무 아홉 해 시집살이 그리고
가난했던 시간들 모두
시위를 떠난 화살의 오래전 이야기다

쏘아대는 땡볕 아래
어머님 무덤가 대여섯 줄 밭고랑엔
참깨가 영글고 못난이 고추랑 오이가 성성하다
숨길 수 없는 미운 정이 눈물 같은 땀으로 쏟아졌다
어머니의 안부를 차마 잊지 않았지만
잘못도 없는 망초대 쑥부쟁이 이내 풀이 죽었다

밭고랑만큼의 고랑이 그의 얼굴에 투사된 세월을
머리에 이고도 여전히 눈빛 맑은 무덤덤한 사람
흔들리는 걸음으로 비탈진 고랑에서 젖은 손을 내 민다
손끝으로 전해오는 순간의 전율
사랑일거야 사랑 사랑일 거라고

너에게 가는 길

바람 불어 쓸쓸한 날에
바람결에 숨어있는
망각의 조각 더듬는다
어디선가 같은 별을 보며
앙가슴 두드리는 사람에게로 간다

서글픈 꿈의 나래 붙잡고
그리움에 허우적거릴 때
천둥과 번개는 소리치고 하늘을 가르며
제우스에게로 갔다

회색빛 여백에 약도를 그리며
너에게 갔다가 되돌아오다가
마음 한 자락 둘둘 말아
구름에 가려진
노을 너머로 던져 버렸다

어둠은 맹수처럼 낚아채며
아득한 별빛 속으로 침몰한다

어머니

봄비가 촉촉히 내리던 날이었지요
린넨블라우스에 체크무늬 주름스커트입고
기대와 설렘으로 가슴 여미며
또박또박 골목길 정적 깨뜨리며 당신께로 갔습니다

은빛 왕관 쓰시고 소녀같이 즐거워하시던
당신의 눈망울에 봄비도 따라내렸습니다
마주치는 눈빛으로 운명을 느끼며
내 눈에도 봄비가 내렸습니다

아들 형제 점지해주신 삼신할매 용하시다고
모시적삼 곱게 여미며 기고만장하시던 당신!
밤안개처럼 몰래내려 앉은 삶의 무게를
온 가족 너테위에 올려놓고
지평선 너머 난파선 되어 떠도네

살아온 날들의 기억 붙잡으려
아등바등 담금질 하는 것이 싫증나셨나요
꿈나라 그곳이 너무 좋아 눌러앉으셨나요
강산이 세 번이나 바뀌도록 같이 걸어온 길에
작별도 없이 허허로이 가시었습니다

어제 당신의 유택에 다녀왔지요

이승에서 영원히 떠나시는 날 49제!
준비한 제물 몇 가지로 낯가림하고
내려오는 제 마음이 썰썰하여
눈길 한 번 드리지 못하였네요
이제 평안히 영면하시길
진심으로 빌어봅니다

어머니의 수레바퀴

사람들은 그림자 꼬리잡기 하고
고개 숙인 들판은 느리게 뒤따른다
앞산 밤송이 뒤뜰 대추는 손 끝에
어머니 웃는 얼굴 차창에 있다

세상 가운데 꿋꿋이 견디어라
이르고 일러 기른 정성
이제야 알 것 같은 마음
동네 어귀 오솔길 서성인다

어머니의 주름진 수레바퀴가
삐걱대며 내게로 왔다
빠르게 돌아갔다
어머니는 그곳에서 나는 이곳에서
기다림으로 하얗게 떨린다

내가 그곳에 가는 이유

구름길 따라 찻길 따라
설레는 기억들 붙잡고
칠월의 땡볕을
온몸으로 받으며 차를 달렸다

푸르름 속에 농익은 과실은 붉고
매미는 지칠 줄 모르고 운다
온몸이 파김치가 될 즈음
목적지 부근이라는 목소리 너머

아련히 보이는 내 삼십년 후의 모습
어머니가 두 팔 벌리고 달려온다

팽목항

양심을 져버린 이
수백의 청춘 수장시키고
속옷 바람으로 나왔다

놀란 가슴 끌어안은 혈육들
대답 없는 이름 부르다 쓰러진다
내 아가야
내 강아지야

어떤 모습으로라도 돌아오기만을
알아 볼 수 있게만 해달라는
그 마음 아는 듯
팽목항 노을이 운다

이제는

한 때는 몸부림치며 갈망했던
열심히 정직하게만 살면 내게도
올 것만 같았던
부질없는 꿈을 더는 쫓지 말자

고대했던 것은 오지 않고
아린 흔적만 똬리로 남았다
활활 털어내 버리자
마음도 비우고 지게도 비우자

채워지지 않는 욕망의 끄트머리엔
혀끝으로 쏟아내는 비난과
고독한 주검위에 구더기만 득실대더라

내려다보면 많은 것을 가졌지 않은가

오월 어느 날

석 달 전부터
영월이랑 태백이랑 약속했다
일상의 가면 벗어던지고
몸과 마음이 시키는 대로
네 기다림 속으로 갈 거라고

새벽을 달리는 버스엔
달뜬 눈빛 들이 빛난다
대지는 아카시아 향기 가득 품고
초록 이는 산천에 서 있다

종다리 지저귀는 호밀 밭에서
이슬 맞으며 두꺼비 잡았다
스물 네 폭 병풍이 물결처럼 따라 오고
뽕짝에 맞춰 버스도 출렁인다

후회도 미련도 없는 세상살이란다
없을지도 모를 내일을 잊고
가는 오월의 끄트머리에서
여왕이 된다

방자한 소리

누군가 울리고 간 경적소리
소스라쳐 시계를 보니
새벽 3시20분 조금 지났다
다시 눈 감고 잠을 청해도
정신은 말똥말똥

첫 닭의 울음소리는 간데없고
기와집 몇 채 지었다 허물었다
창밖의 초승달이 시리다

누군가 이처럼
방자한 소리 떨구고 간
네 발 달린 두 발 달린 누구누구
잡히기만 해봐라

그렇지 물론이지
아! 4시 5분이다

사람의 꽃
—첫 손주를 안고

가정의 텃밭으로
하늘의 미리내를 건너
양지의 터전에
동트는 아침으로 왔다

온 마음으로
햇살을 따며
창문 열어
너를 반겨 안는다

얼마나 소중한 인연인가
그 착한 입술에
그 건강한 숨결로
무럭무럭 창창하게 걸어서
우리 함께 가자

빛이여 노래여
기쁜 동산에 오르자
푸르게 푸르게 아름다운 사람 되자

2부

바람이었다

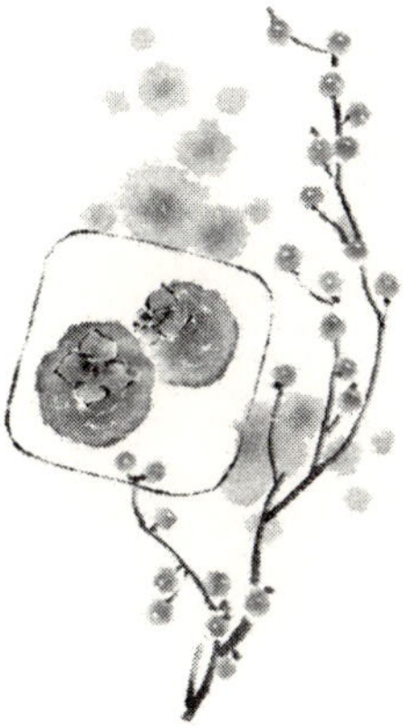

별빛 속에서

밤이 길어 뒤척이는 날
네가 내 맘속에 들어와
어둠보다 더 아리다
보이는 대로 전부가 아닌
깊이의 무게를 안고
수많은 날들 살아오면서
너를 보낸 내가 미워
남몰래 울부짖은 날들
안개바람 속에서 떨고 있다
푸르름이 푸르지 않은
차가운 별빛 속에서
앙상한 가지를 뻗어
너를 향해 너를 향해

길

바람은 꽃비 내리우고

가슴은 안개 속 거닌다

육십 목전에 어떤 노래 만들까

봄비 내린 아침에

밤새 내린 봄비를 맞은
얼음이 녹아내리고
땅이 잠에서 깨어난다

물줄기를 향한 촉수의 몸부림
까칠하게 헝클어진 살갗이 물을 머금고
아침햇살에 부서져 내리고있다

병풍바위 사이로 바람의 협주곡이 정겨운
구르는 물소리 함께 오르는 108계단
세상의 시기와 다툼 만남과 엇갈림
도량의 자비로움이 아픈 나를 안아준다

짝을 찾는 비둘기 구구대는
숲길 걷노라면
두근두근 바람을 두드리는
생명의 소리 들려온다

타작마당

마당가득 멍석 위
메주콩 쥐눈이콩 녹두
할머니는 콩깍지 터지게
멍석위에서 놀라 한다

햇살 품은 꼬투리
바람이 툭툭 터뜨리고
도리깨 내려칠 때마다
어디로 튈지 모르는 콩알

하얀 머리 수건에
행주치마 두른 엄마
바람 좋은 대추나무 아래서 키질 한다
발아래 콩깍지 눈처럼 쌓이고
반짝이는 알맹이 키 속에 모였다

가장자리로 튀어간 콩알
허리춤에 달린 조롱박 속에서
찰랑대며 타작마당 즐겁다
우물가 석류나무 빨간 이야기
와르르 쏟아내는 농가 풍경

이제는 꿈 이런가 싶은 옛이야기

사무치게 돌아가고픈
한 해의 끝자락으로 치닫는 지금
허허로운 미소로 갈무리 한다

유리창에 햇볕 부서지는 날

유리창 너머 무지개위에 앉았다
햇살 먹은 항아리 속에
간장 된장은 맛깔나게 익어가고
싱그런 풋고추 냄새 상추 냄새
그 속에 사랑스런 얼굴들 있다

음력 이월 어느 말 날
달걀 동동 띄운 소금물에
한 마리 학을 날려 보내고
하룻밤 잠재운 짭조름 한 바닷물
발효된 시간 위로 쏟아 부었다

참숯 세 덩이 참깨는 몇 알
말린 고추랑 대추도 띄웠다
석 달 열흘 들여다본 정성
구수하고 달작 지근한 고향냄새
가을이 오면 아욱토장국 끓여놓고
오순도순 삶을 노래해야겠다

마음은 벌써 시월로 가고
햇살 바라기하며 빙빙 돌다가
빛 한 줄기 눈 마주쳐 화들짝 돌아왔다

구절초

지천에 피었다고 천한 것은 아니다
길가에 피었다고 헤프지도 않다
가꾸지 않았다고 미운 것도 아니다
그렇다고
향기가 없는 것은 더욱 아니다

땅위의 꽃들이 스러진 뒤
늦가을 찬 서리 내릴 즈음
아홉 번의 응어리로 솟아나
순백의 자태로 다소곳한 너

산길 걷는 내 마음 끌어 당겨
엷은 웃음 짓게 하는 꽃이여
짙고 그윽한 네 향기는
지친 삶과 된바람을 견디게 할
소리 없는 청량제로구나

북풍이여 안녕

한 겨울 된바람 맞으며 참았다
칼날 같은 눈보라도 견뎠다
살갗이 툭툭 터지는 아픔도 참았다
고이고이 접어둔 함박웃음을

따사로운 햇살이
감미로운 바람결이 속삭이는 날에
목젖까지 드러내며 웃어버렸다
나뭇가지 위 흩뿌려진 팝콘 같은 꽃잎들

창문을 열어둔 다육이네 동네에
땅따먹기 하는 벤자민, 스킨다비스
꽃봉오리 가득품은 호야
동백꽃 군자란이 달빛아래 웃는다

섬진강 달빛

섬진강 은물결 금당을 간간질이
하동 십 리 벚꽃 길 화개장터로 이끈다
경상도 사람 전라도 사람 정답게 사는 곳
산더덕 산도라지 봄내음 가득하다

평사리 최 참판 댁 오르는 길
육십 년 세월 먹은 발바닥 옥죄이고
더디어진 발걸음 천근만근이다
잠깐 멈추어서 둘러보니
대숲 바람 사이로 서희가 나를 반긴다

토방에 놓인 섬돌을 딛고 올라 앉아
툇마루에 걸린 햇살 보내고 나면
성제봉은 섬진강 달빛에 젖고
처마 끝에 매달린 기억은 구름에 잠긴다

채석강

변산반도 격포 포구
오밀조밀 둘레길 돌아
탁 트인 서해바다
에메랄드빛 물결이 멈추는 곳
바람이 속삭이고
물결이 만져준 흔적
반짝이는 조약돌이
웃으며 반기는 곳
억겁의 세월 무수한 이야기들
바닷물 먹물삼아
기록하고 남은 잔재
수 만권의 책으로 남아
오가는 사람들에게 던지는
무언의 메시지
바라보고만 있어도
마음이 벅차오른다

연꽃편지

물안개 살랑대는 실루엣 너머
꽃잠 깨어난 홍련 백련
펼쳐든 치마폭에
또르르 구르는 은구슬 옥구슬

꽃잎 떨쳐낸 자리
실잠자리 숨바꼭질
노랑나비 흰나비 춤사위에
연꽃향기 흩날린다

소금쟁이 노니는 수면 아래
애틋하게 숨어있는
살 떨리는 하얀 속내
꽃 편지 몇 장 띄워 놓았다

겨울 지나고

얼어버린 빈들에 맨발로 서서
벗어나려 애를 써도
높은 턱 내려주지 않더니

살랑대는 봄바람이 무릎 꿇렸다
겨드랑이 사이로 연두빛 물 오르고
새색시 볼우물 닮은 수줍은 새싹
놀란 매화아가씬 꽃망울 터뜨린다

무심한 발길질에 주저앉은 민들레
노란하늘 빙빙 돌아도
겨울마녀 회초리로 담금질 한 꿈
봄바람 꼬리 잡고 하얀 불꽃놀이 한다

너구리 한 마리

몹시도 추웠던 지난겨울
전신 x레이 촬영을
열심히 찍었더니
오동통한 너구리가 되었다
엉거주춤 오리걸음으로
집 안 청소를 하는데
아들 녀석 하는 말
어머니 베들레헴 심하신데요
융단폭격 커튼을 치셨군요
거울을 보니
듬직한 팔뚝에 불룩해진 뱃살로
치장한 중년 여인이
발그레한 얼굴로 웃고 있다
아–
달콤한 딸기잼 잊어야지
인제 그만~

여름 이야기

미류나무 길게 늘어선
신작로 지나
바람 따라 춤추는
초록들판을 지나

유리알 굴러가는 시냇물에
천방지축 개구진 계집아이
물고기 닮은 커다란 눈망울로
양손 가득 움켜잡은 양동이
기세등등하게 펼치면
은빛 비늘 반짝이는 물고기 군무들

행복에 겨웠던 천진한 웃음소리
불혹을 넘어버린 가슴 속에
소리 없는 미소로 맴돈다

고양목 꽃향기 나는 마을

돌담 쌓은 우물가에
노오랗게 피어있는 고양목 꽃잎 위로
벌 나비 분주히 꿀을 따면
황량했던 들판은 새싹 돋우고
온 산야엔 진달래 불붙었네

메케한 연기 피어나는 아궁이속에
파들파들 불씨 살아나면
묵은지 송송 썰어 솥 바닥에 깔고
식은 밥 한 덩이 참기름 두어 방울
토독톡톡 밥 지져지던 소리
고소한 냄새 담장을 넘고
입안가득 고이는 군침 꿀떡 삼키면
먹기도 전에 살포시 퍼지던 행복한 미소

나무하러 간 아제 기다리며
먼 산 아래 바라보면
가물가물 다가오던 나뭇짐
양팔 크게 펴고 달려가
나뭇짐 위에 얹혀있는 진달래
한 아름 받아 안고
나비되어 날아간다

아들의 기척 듣고
차려놓은 밥상에 둘러앉아
소복이 담긴 밥그릇 넘치는 담소

봄날보다 더 따스했다

반딧불이 꿈

세월 지나니
가만히 눈을 감을 때나 뜰 때나
모두가 꿈이더라
젊음의 댓가는 힘겹더라
끝나지 않을 것 같던 기나긴 어둠을 지나니
햇빛 쏟아지는 따사로움이 나를 반기더라

어스름이 노을 함께 내릴 때
숨은 그림 찾듯
들길 거닐며 재잘대던 소꿉동무

휘영청 달은 밝고
찻잔 감싸 쥔 투박한 손끝 끝에
코스모스 닮은 미소
속눈썹이 긴 까만 눈동자 별빛 따라 노닌다

바람타고 출렁이는 들판에
별똥별 꼬리 흔들던 날
한 폭의 수채화는 반딧불이 따라 가고

지나온 발자국 되짚으며
고통 속으로 기쁨 속으로

되돌아가고픈 시간
손끝에 닿은 하늘 잡고 밀었다가 당겼다가
밤을 향해 침몰하는 깨고 싶지 않은 꿈

낙엽

귀뚜라미도 떠나버린 가을밤
마른 가지 끝에 메달린 추억이
안개 속으로 떨어졌다
떠난 후 남는 것은 보고 싶은 마음

어디를 헤맸나 무었을 보았던가
빈 몸으로 애달픈 밤거리를
바스락거리며 나뒹굴어도
보듬어 안아 주는 이 없다

두려움이 굴러와 짓누른다
한적한 모퉁이로 파고들었다
심술쟁이 갈바람이 끌어내려 애를 쓴다
무심한 달빛은 시리기만 한데

어둠에 묻힌 태양이 떠올라
따사로움으로 감싸 안아주면
솜털 같은 눈송이 내려와 덮어 주겠지
눈꽃사이로 푸른 하늘도 보이겠지

가을 끝자리

채색 옷 벗어 던진 나목
텅 빈 들판 휑한 가슴
감출 수 없는 수즙음
한 말 쯤 눈물이 쏟아진다

여릿한 살 속 움트는 생명
마파람 타고오신 손님
달빛 안고 해를 품어
향기 흩날리며 맺은 열매

비바람으로 영글고
목마름으로 농축시킨 과육
상큼한 입가심으로 내어준 뒤
아쉬움 가슴에 묻어둔 채

다시 돌아올 그날 기약하며
그리운 맘 못다 한 이야기
여민 가슴 속에 흐르는 불덩이
은구슬 옥구슬 토해낸다

단풍

연초록빛 지나간 자리
노랑 빨강 곱게 물들여
고운자태 드러내고
눈망울 홀리며 하늘거린다

냉기 품은 바람 불며
가을비 흩뿌리던 날
조용히 길 위에 내려앉아
목적도 없이 뒹굴다가

어느 사색가의
책갈피 속에 들었다가
하얀 눈 펑펑 내리는 날
가을 어느 날 기억하며
풋풋한 내음 안기고
바스라 지고 싶어라

자재암

산신각 아래 단아한 사찰
천년을 아우르는 공간
원효스님 요석공주
은애하는 모습 보일 듯 한곳

황금 송 그늘 아래
나한전 품은 독립바위
속세의 번뇌와 시름
청량폭포에 씻김 받고

기쁨도 어리석음도
자기 안에 있다고
자애로운 웃음으로
마음의 평정 찾아 주시는 부처님

아난존자도 주리 반 특가도
해탈문 안에서는 무위진인
옴 마니 반 메 훔
나무아미타불 관세음보살

힘들고 지칠 때

여명을 밀치고 솟아오른 태양
자그마한 틈새도 빠뜨리지 않고
아낌없이 비추다가
휴식을 위해 길게 누웠다

벨벳 커튼이 드리워지면
하나 두울 존재를 밝힌다
방향 잃고 기력이 없을 땐
보이지 않는 빛으로 나를 일으킨다

존재에 대한 확신 없어도
먹장구름 한 조각 심술부려도
구름위에 나 있으니
두려워 말고 힘내라 하네

태양이 일어나려 할 즈음
파르라니 하얀 미소를 머금고
포근하게 나를 감싸 안는다
새벽별리스트 마르지 않는 감로수

나목

산새 들새 어디로 갔나
메마른 바람만 부네
꽃잎 속삭임 그리워
하늘을 바라본다

기다리는 맘 아시는지
춤추는 새하얀 꽃송이
여린 햇살 이고
산길을 올랐다

소임을 다 한 나뭇잎은
길 위에 누웠다
수줍은 나상위로 덮이는
뽀얀 손이불은 사랑의 선물

마파람 부는 날엔
활짝 기지개 펴고
또 다른 완성을 위한
기다림으로 마주하리

너도밤나무

초저녁 하늘엔
하얀 조각달
인조 잔디 위엔
7080 쉰 세대들
다 모였나보다

저마다 요깃거리 싸들고
스크린 안엔 오빠야
초대형 음향이 심장을 두드린다

나팔바지 단발머리 그 소녀
삼십 년 전으로 숨어버린 시간
너도밤나무 나도 밤나무

바람이었다

바람 한 줄기 지난 곳
쑥대머리 앙앙 작작
텅 빈 난도질

마른 바람 떠난 그곳에
부등켜안은 갈대
달빛 내리는 강변에 누웠다

빛바랜 잡초들
학춤 추며 살풀이하는 밤

무심히 가고 오는
세월을 줍다가
시간의 탈을 쓴
어둠을 사른다

문득 돌아보면
나는 바람이었다

3부

혼술

품

세상아
어릴 적엔 몰라서
너를 안지 못했다

청춘엔 아파서
중년엔 치열해서
너를 안을 수 없었다
찢겨 너덜거리는
취해 비틀거리는 너를
쇠잔해져 공허한 가슴이라도

너를 감싸 안고
위로해 줄게

오늘 시작했어요

보고 싶다
다시 할 말이 없어도
꽃살이 익는다

가랑비 내리는 아침에
무심히 왔다가는 바람은
알고 있을까
날마다 열고 닫는 꽃 몸살을

남겨둔 이야기
덜 여문 꽃결이
오늘 시작했어요

어차피

마음을 다칠 때는 항상
가장 가깝다고 생각하는
사람으로 인해 다친다
그렇기에 더 많이 괴롭고
더 많이 아프다

사랑하는 무게만큼 아프다
수십 년을 지나온 시간들이
한 순간에 무너져 내리는
신뢰의 붕괴가 더욱 아프다

원했든 원치 않았든
의도했던 의도하지 않았던
모든 것들의 결론이 내려지는 순간
이 생에 그 어떤 아픔이
이보다 더 아플까

어차피 네가 사는 것도
내가 사는 것도 모두가 아픔인 것을
그 무엇으로 감쌀 수 있을까
세상의 경쟁 구도에서 벗어날 수 없는 것
더 많이 아픈 사람이 지는 것

네가 나일 수 없듯 내가 너일 수 없듯
인생은 어차피 알 수 없는 구도인 것을

팥빙수

한 여름

소복한 냉소위에

생명과 목동의 노래와

부지런한 꿀벌의 수고

고루고루 섞는 손끝에

해맑은 손자 얼굴

터질 듯 차오르는 행복한 마음

미친 독감

목 줄기는 콕콕 입천장은 간질간질
맹맹해지는 콧잔등
어지럽도록 자글거리는 귓바퀴
손끝에서 발끝까지 타고 다니는 통증
감기가 왔는가보다

열이 오르고 기침이 난다
침상에서 몸을 일으킬 때마다
휑휑한 어지럼증
오한이 밀려와 부들거린다
아무래도 독감인가보다

목구멍을 찢을 것 같은 기침
가슴팍을 쥐어짜는 기침이
내안의 모든 것들을
다 쏟아 낼 것 같은 기침이
파도처럼 밀려온다
이러다 죽을 수도 있겠구나

병원을 가고 주사를 맞고 약을 먹어도
벌써 일주일이 넘는다
식은땀을 흘리는 쇠잔한 눈빛
이젠 목소리조차 나오지 않는다

독감이야 미친 독감!

30년 지기 무뚝뚝한 옆 사람
약은 먹는거야

샬럿* 프레임

아파트 건물 사이로
마음 급한 사람들이 다니는 길이 있다
잔가지들이 옷깃당기는 길
뿌리까지 아스러진 잔디의 죽음위로
식곤증을 달래려 나도 걸어본다
언제부터인지 먼지의 안식처 되어
꺼슬꺼슬한 모습으로 주인을 기다리는
자전거 정거장
지난 가을 이상기온으로 옷도
갈아입지 못한 채 떨어진 나뭇잎들 사이로
쭈글쭈글한 은행알들이 나뒹굴고 있다
한 알 주워볼까 허리를 구부렸다
아! 어쩜 좋아요
눈 내리고 바람 많이 불었는데
샬럿은 껍데기로 남아
허물어져가는 집을 지키고 있었다
주저앉아 샬럿의 프레임을 들여다보았다
어둠을 밝히는 달빛과
창마다 흐르는 삶의 이야기들
그리고
봄바람 그네 위에 속살거리는
샬럿의 아기들을

*샬럿–동화작가: 엘윈 브룩스 화이트의 "샬럿의 거미줄" 에 나오는 기적의 거미

파의 논리

혼란한 세상에
난무하는 언어의 횡포
공중파 지상파 소용돌이에 어지럽다
진짜뉴스 가짜뉴스에 가려져
눈처럼 쌓이던 살갑던 이야기들
무참히 흔적도 없네

어떤 날은 히틀러와 플라톤을
또 어떤 날은
노스트라다무스와 석가모니를
만날 때도 있었다
흐르는 시간이 조급하여
무두질도 하고 담금질도 하며
빠른 용서와 성근 사랑을 해야겠다

마두금 소리에 젖을 물리고
사막을 횡단하는 낙타의 인내처럼
감동의 메시지 음악처럼 흐르면
한바탕 뜨거운 눈물을 흘려야 겠다
사랑과 화해의 바이러스가
물결처럼 퍼질 수 있게
이제 눈물을 흘려야한다

핸드폰 I

차가운 물체 속에
수많은 이야기
손 위에 우체부처럼 달려온다
세월의 강물 흘러 내게로 온
손자의
자그마한 손 해맑은 미소
마른 가슴 적셔주는 날
네모의 규칙이 별처럼 빛난다
양파처럼
한 겹 한 겹 열어볼수록 흥미로운
알면 알수록 더 알고 싶어지는
나의 도서관 내 전시관
그리고 오케스트라
고독한 노년의 동반자

핸드폰 Ⅱ

까똑 까똑
누구니 이 늦은 시간에
생각이 없네

까똑 까똑 까똑
노래 그림 동영상
으이구 내일 보내지

까똑 까똑 까또로도독
나들이 사진 묶여오는 소리
나 원 참 성미도 급하시지

선잠 깬 눈으로
한 장 또 한 장 미소 짓다가
새벽 단잠 깨웠어도
챙겨주는 이 있어
행복한 지금

균 형

빨판을 밀착 시키고
오르지 못하는 곳이 없다
담장위를 빌딩숲을
나뭇가지를 올라
세상을 향해 손짓하며
욕망을 노래한다

찬서리 내린 길 위에
아귀처럼 뒹구는 잎사귀
줄기의 예상치 못한 형체
치부를 숨길 수 없는 민망함에
　빛으로 물들었다

지는 날 있으면 피는 날 오듯이
어제보다 푸르른 날 있으리라
지난 날 보다 더 튼실한 줄기로
가난한 마음을 허물어진 성벽을 안고
푸르게 빛나는 날 있으리라

보이는 것과 보이지 않는 것의 균형을 이루며

에스컬레이터를 탔다

단발머리 나풀대며
꿈과 꿈 사이를 달렸던 수많은 시간
바람에 안겨 세월을 먹다보니
어느새 살아갈 날이 살아온 날보다
적어짐을 느낄 때
싱싱했던 날들을 되짚어 본다

기억조차 없는 수많은 글을 읽으며
눈물짓고 분노하고 콩닥거렸던 밤
눈빛 마주치며 다짐한 이야기
한밤중 앓는 아이 둘러업고 달렸던
숨 막히게 살아온 시간의 무게까지
보자기 속에 꼭꼭 담아 에스컬레이터에 올랐다

누구를 위한 무언가를 위한 절제된 삶에서
날 위한 내 것을 만들어가는 지금이 좋아서
오랜 동안 머무르고 싶은데
타성에 젖은 미련이 아직도 뒷걸음치게 한다
반들거리는 세월의 씨앗 안고 한발 올렸다

담장 아래 넋이 되어

고운 님 여의고
담장 아래 넋이 되어
꽃으로 피었다

야음을 타고 흐르는 서러운 몸짓
아픔을 줍다가 세월을 접는다

달아오른 귓불이
담장을 휘감았다
애달픈 기다림 위로 비 내리고
목전에서 툭툭 떨어지는 능소화

청보리

추색이 만연할 때
스러지는 풀뿌리 사이로
생명을 잉태한 희망을 던진다
눈 덮인 몸뚱이 위로
북풍이 몰아쳐도
산바람 골바람 불어도
꽁꽁 동여맨 목숨 줄
꿋꿋이 견뎌
봄바람 따사로운 햇살바라
싹틔우고
산기슭 드넓은 대지위에
출렁출렁 파도타기 한다
저어기
어디쯤
세상을 안은 내가 서 있다
비 맞아 싱그러운 청보리 밭에
양볼 간질이는 눈물과 함께

라일락

노루 꼬리 같은 봄날
단편 드라마처럼
잠시 머물다 가는 너
무슨 속내 드러내려 왔을까

호기심에 이끌려 다가서면
사향 주머니 열어 놓은 듯한 향기
베를리오즈의 종소리와
케니지 의 색소폰이 있다
가슴 가득 환희가 넘친다

십팔 세 소녀 시절에도
육십이 되어가는 길목에서도
같은 향기 뿜어내며
내 가슴 뛰게 하는 너
지난 세월 속에
변함없는 아늑한 내 사랑 이어라

비에 젖은 추억

게으른 햇살이 구름 속에서 낮잠을 잔다
감기는 눈을 부비며 책장을 넘기는데
봄비가 바람을 타고 달려와 유리창을 때린다
비가 오는 구나 배시시 웃으며 창가에 섰다

개나리꽃인가 노랑병아리인가
우비 입은 예쁜 아이 였구나
나도 저 나이 땐 비를 맞으며 다녔지
젖은 살구가 앵두가 먹고 싶어서

물 풍선 닮은 빗방울 터질 때마다
타임캡슐 하나씩 따라 터진다
아름다운 기억 아픈 상처 행복했던 시간
고독이 비를 타고 춤을 춘다

봉숭아

가만히 귀 기울이면
씨 주머니 속
생명의 속삭임

댕기머리 곱게 내린 소녀와
호호백발 할머니 손끝에
꽃 물 들이던 이야기

할머니 보고픈 맘
톡 터지며
왈칵 쏟아지는 눈물

바람소리

분명 봄바람인데
가슴 뜯는 소리 들린다
창문을 꼭꼭 닫아도
바람은 흐느낀다

개구리도 입을 떼고
봄꽃은 웃으려 하는데
나는
울지 못하는 새가 된다

바람결 사이사이
보고픈 맘 터질듯한데
나는 이곳에 있고
너는 이곳에 없네

혼술

대낮은 여름인데
밤엔 귀뚜라미 울어댄다
끊어질듯 이어지는 멜로디
그 속에 소주 한 잔 있다
알싸한 액체가 목줄을 타고 흘렀다

혼미 해지는 기억 너머
차갑게 식어버린 흔적들
화롯불 같은 따스함이
흔들어 깨운다

기력을 잃은 나뭇잎들
비처럼 떨어지는 창밖으로
가만히 손 내밀었다
안개무덤이 당긴다

세상과 어울리려 허물을 벗는
살기위한 꼼수인가
아니다 그것은 바로
새로운 삶을 위한 도약인 것이다

밤이 아프기도 하다가
고요 속으로 가며 웃는다

20년 그리고

20년 장롱면허는
아직도 단식 중인가보다
발끝에 물집이 생기는 여정
그냥저냥 나서야 하는
나들이길인데

떠밀리며 살아온 날들
돌아볼 수 없이 분주했던 시간이
어느 날 문득 멈춰 버릴 수도 있겠지
얼마나 재촉해야 할까

펼쳐진 길 위에 깨달음 있을까
단념할까 하다가도 피어나는 조바심에
시간을 훔친 껍데기가 차창에 대롱거린다

각양각색의 차들은
저마다의 시간을 싣고 달린다
나만을 위한 캡슐 속으로의 여행이
멀미가 난다

| 跋文 |

언어와 몸짓의 시적 콘서트(concert)

안 익 수 (시인, 한국문인협회 편집위원)

시인은 삶의 흔적을 밟지 않고 언어로 구름을 따며 바람을 민다.

시작(詩作)은 꿈과 이상의 표출이며 구체적 메시지로 아름다움을 실현하려는 감성의 욕구다.

김정희 시인은 삶의 몸짓과 달구어진 언어로 시를 짓는다. 그의 시의 울림은 현실과 이상의 지평에 있으며 때 묻은 시간의 그릇을 노래로 씻는다. 삶의 절제된 욕망에서 길어 올린 시심의 물로 낳고 있다.

자신의 감성과 고집부린 하모니를 이루며 사람을 끌어당기는 언어의 구절이 은근하다. 특히 인간적 곪은 피로감에 장미가시를 대며 그 치유의 내력을 발등에 새긴다.

그러기에 삶의 갈래에 따라 시간의 리듬을 부러뜨리지 않는 언어의 비위가 적당히 살갑다.

언어를 구경하는 관객의 표정을 알까 모를까 아득한 정경의 자리를 구사하고 있다.

그이 시의 마당에는 언어의 바지랑대가 햇볕을 따고 있다.

먼저 삶 속에 동화 된 시 한 편을 감상해 보자.

갓 지은 밥만 고집하는 밥 서방
맛난 음식 만들어
빈속을 채우고 정담 나누는 것이밥순이의 행복이었다

시간의 굴레가 커질수록
짧기만 한 일상
가끔은 외식하고 싶은 날도 있는데
배꼽시계는 잘도 울린다

삼십 년이 되는 지금도
내 손맛이 더 좋은지
밥 타령은 여전하다

〈밥〉 전문

보통 '밥'과 '행복'은 빵이자 삶이다. 그 정황적 은유는 생명을 부지하기 위한 시간의 산술이며 세월의 무게가 아닌가. 시에서 '시간의 굴레가 커질수록' 그 삶의 무게는 울안과 울 밖이 라는 구체적 공동구역이다. 밖과 안은 분망(奔忙)과 속박(束縛)의 정신적 점령지다. 가정과 사회적 점령은 주종의 수직적 가치를 인정 내지는 갈등구조에서 그 틀을 탈피하려는 의지와 욕망이 다양하게 작용한다. 그럼에도 삶의 리듬은 '배꼽시계는 잘도 울린다'라는 조화에 거역하는 듯 동화된다. 시에서 '밥'이 주문하는 것은 밥이 아니라 따뜻한 금고이며 은근한 품속일 것이다.

다음의 시를 보면 그 삶의 가락을 들을 수 있다.

바람 불어 쓸쓸한 나는
구름 속에 숨어있는
망각의 조각 더듬는다

어디선가 같은 별을 보며
앙가슴 두드리는 사람에게로 간다

서글픈 꿈의 조각 붙잡고
그리움에 허우적거릴 때
천둥과 번개는 소리치고 하늘을 가르며
제우스에게로 갔다

회색빛 여백에 약도를 그리며
너에게 갔다가 되돌아오다가
마음 한 자락 둘둘 말아
구름에 가려진
노을 너머로 던져 버렸다

어둠은 맹수처럼 낚아채며
아득한 별빛 속으로 침몰한다

〈너에게 가는 길〉전문

시에서 그의 '망각의 조각'은 무엇일까? '회색빛 여백에 약도를 그리며' 여기서 '약도'는 길이며 '제우스'는 이상이 아닐까. 노을이자 별빛일 수도 있다. 사람이 서원하는 탐미적 감성과 삶의 계단은 추상抽象으로서 부유한다. 그러한 의미에서 김정희 시인의 시는 회화적인 콘서트의 입장을 열어 놓고 있다. 더러는 구름과도 손잡고 가랑비 내리는 오후에 우두커니 뒤풀이를 한다.

살 속에서 우울한 세상의 가시를 뽑아내어 개천에 던지고 있다. 나아가 '노을 너머'에 움트는 찬란한 아침을 조각하고 싶은 것이다.

다음 시의 계단을 오르면 그 삶의 정류장이 보인다.

석 달 전부터
영월이랑 태백이랑 약속했다
일상의 가면 벗어던지고
몸과 마음이 시키는 대로
네 기다림 속으로 갈 거라고

새벽을 달리는 버스엔
달뜬 눈빛 들이 빛난다
대지는 아카시아 향기 가득 품고
초록이는 산천에 서 있다

종다리 지저귀는 호밀 밭에서
이슬 맞으며 두꺼비 잡았다
스물 네 폭 병풍이 물결처럼 따라 오고
뽕짝에 맞춰 버스도 출렁인다

후회도 미련도 없는 세상살이란다
없을지도 모를 내일을 잊고
가는 오월의 끄트머리에서
여왕이 된다

〈오월 어느 날〉전문

시의 사물은 시간의 물음표와 쉼표를 오가며 삶의 짐을 나른다.

시상은 일상적 삶의 멀미를 자연에게 풀어 놓는다. 그의 시적 매혹은 시공간적 기발한 조형미에 착상을 하며 삶의 휴식과 양분을 처방하고 있다. 이를 근간으로 미적 연상連想의 시도가 구체적 삶의 몸살로 달구어 진다. 사물에의 호기심을 지나 인간적 욕망欲望을 넘어 물신적 욕구에 관하여 해답을 찾는다.

그 내재內在된 무상無常과 무심無心은 환상적 자아에서 낭만적 멍에로 옷을 바꾸어 입는다.

비로소 시인은 오월의 여왕이 되는 것이다.

이것이 김정희 시인의 시도(詩圖)이자 지향하려는 시적 몸짓인 것이다.

다음 시의 빗장을 풀면 그 울안이 보인다.

마당가득 멍석 위
메주콩 쥐눈이콩 녹두
할머니는 콩깍지 터지게
멍석위에서 놀라 한다

햇살 품은 꼬투리
바람이 툭툭 터뜨리고
도리깨 내려칠 때마다
어디로 튈지 모르는 콩알

하얀 머리 수건에
행주치마 두른 엄마
바람 좋은 대추나무 아래서 키질 한다
발아래 콩깍지 눈처럼 쌓이고
반짝이는 알맹이 키 속에 모였다

가장자리로 튀어간 콩알
허리춤에 달린 조롱박 속에서
찰랑대며 타작마당 즐겁다
우물가 석류나무 빨간 이야기
와르르 쏟아내는 농가 풍경

이제는 꿈 이런가 싶은 옛이야기

사무치게 돌아가고픈
한 해의 끝자락으로 치닫는 지금
허허로운 미소로 갈무리 한다

〈타작마당〉 전문

시인의 마당에 멍석은 하늘과 사람과 곡식의 무대다. 마당은 너그러운 사람의 품이다.

대개 고향집 마당 추녀 밑에는 우물이 있었다. 더러는 울타리를 비집고 아래윗집이 두레박을 내리기도 했다. '우물가 석류나무 빨간 이야기' 에는 막연한 호기심과 색연필의 낙서도 있다. 어쩌면 시인의 사춘기도 세상과 철이 들고 땡볕에는 청보리밭이 익어갔을 것이다. 김정희 시인이 바라보는 '풍경' 과 품에 지 '꿈' 이 아득한 미감美感으로 살아나기에 세상적 눈금의 '키질' 을 한다. 그것은 부루나에 벗어 놓은 자신의 신발을 바람으로 닦고 싶은 애절한 안부일 것이다. 갈무리에 담긴 끝자락의 시간을 시각과 미각味覺의 항아리에 담근다. 이것이 그가 시도하는 언어의 추상이며 시적 몽타주다. 자상하며 여유롭다.

이것이 삶의 일상에서 일어서는 몸짓의 언어이자 분을 피워 꽃 장작을 지피는 심성이 아닐까.

다음의 시는 더 깊은 심연에서 연상(聯想)의 맷돌이 돈다.

물안개 살랑대는 실루엣 너머
꽃잠 깨어난 홍련 백련
펼쳐든 치마폭에

또르르 구르는 은구슬 옥구슬

꽃잎 떨쳐낸 자리
실잠자리 숨바꼭질
노랑나비 흰나비 춤사위에
연꽃향기 흩날린다

소금쟁이 노니는 수면 아래
애틋하게 숨어있는
살 떨리는 하얀 속내
꽃 편지 몇 장 띄워 놓았다

〈연꽃편지〉전문

여기서 '살 떨리는 하얀 속내'란 시의 옷이다. 아니 실루엣이다.

인간에게는 필연 아픈 말이 있는가하면 보고 싶은 편지가 있다.

왜 하필 '연꽃편지'일까. "부치지 않은 편지가 더 애달프다."라고 했다. 물속에서 몸을 태워 피는 연꽃의 향기를 김정희 시인은 가슴으로 피운다.

시인은 물안개 피는 아침 햇살을 꺾고 있다. '소금쟁이 노니는 수면 아래'의 오후는 꽃편지를 접는 기다림의 무지개가 숨어 있다. 이것이 꽃과 편지의 아름다운 동행이며 약속인 것이다. 여기서 현실의 시계추에 짐을 부리며 목 타는 병마개를 여는 게 아닐까.

그럼 자리를 옮겨 다음 시를 만나 보자.

초저녁 하늘엔
하얀 조각달
인조 잔디 위엔
7080 쉰 세대들
다 모였나보다

저마다 요깃거리 싸들고
스크린 안엔 오빠야
초대형 음향이 심장을 두드린다

나팔바지 단발머리 그 소녀
삼십 년 전으로 숨어버린 시간
너도밤나무 나도 밤나무

〈너도밤나무〉 전문

김정희 시인은 구름과 바람으로 시간을 디자인 한다. 세상이 '요깃거리'로 살아지지 않지만 꿈을 그리는 물감은 찌그러진 깡통에도 담긴다. 그가 감싸고 있는 언어의 보온성은 벗겨놓을 때 내부로부터의 뜨거운 함성이 폭발한다. 시는 심상의 물을 가슴으로 끓이기에 그렇다.

그러기에 그의 시적 내성은 추상과 직감을 사물에 물들이는 마음의 깃발이며 시심의 창이다.

언어의 지게를 질 때 '숨어버린 시간'은 여전히 미완성의 그림자다. 그래서 '너도밤나무 나도 밤나무'가 아닌가.

그러면 김정희 시인의 시심 한 곡을 불러보자.

목 줄기는 콕콕 입천장은 간질간질
맹맹해지는 콧잔등

어지럽도록 자글거리는 귓바퀴
손끝에서 발끝까지 타고 다니는 통증
감기가 왔는가보다

열이 오르고 기침이 난다
침상에서 몸을 일으킬 때마다
휑휑한 어지럼증
오한이 밀려와 부들거린다
아무래도 독감인가보다

목구멍을 찢을 것 같은 기침
가슴팍을 쥐어짜는 기침이
내안의 모든 것들을
다 쏟아 낼 것 같은 기침이
파도처럼 밀려온다
이러다 죽을 수도 있겠구나

병원을 가고 주사를 맞고 약을 먹어도
벌써 일주일이 넘는다
식은땀을 흘리는 쇠잔한 눈빛
이젠 목소리조차 나오지 않는다
독감이야 미친 독감!

30년 지기 무뚝뚝한 옆 사람
약은 먹는거야

〈미친 독감〉전문

인지되는 통증은 소리가 있다. 고단한 삶의 매듭을 시적 감성으로 풀어내고 있다. 일상에서 놓친 아픈 조각들이 시간에게 심술을 부린다. 그러나 시인은 통증과 긍

정의 힘으로 말을 건다. 내밀하게 주고받는 현실적 각성과 포용이 주문보다 따뜻하다. 이처럼 과거와 내일의 혼합된 인식 안에서 그의 시적 몸짓은 간곡한 편곡이다.

때때로 그의 시속에는 자신을 성찰하는 사상의 이미지는 억울하지 않은 표정이다. 그의 언어는 말의 품에서 감각의 현실로 이동하는 통로이며 불이 밝다. 그는 감정에 학습된 상상력을 언어의 물레로 짜내고 있다. 마음 벽의 낙서를 아픈 물로 지우고 있다.

그러면 다음의 시는 무엇이 궁금할까.

보고 싶다
다시 할 말이 없어도
꽃살이 익는다

가랑비 내리는 아침에
무심히 왔다가는 바람은
알고 있을까
날마다 열고 닫는 꽃 몸살을

남겨둔 이야기
덜 여문 꽃결이
오늘 시작했어요

〈오늘 시작했어요〉전문

이 시는 고도의 상징과 은유로 압축된 숨은 의미를 시사한다. 삶의 이삭으로 허기를 메우고 남겨둔 이야기'의 모자이크를 손질할 때 사유의 실타래가 풀릴 듯 암시를 한다. 그 의미의 요소는 깊은 내면의 산실에서 선홍빛 진통을 예고한다. 아마도 각박한 세상의 복습과 예습을 통하여 터득한 잉태일 런지도 모른다.

그의 시적 변명은 문제의 진술이 아니고 부정과 긍정의 파수꾼도 아니다. 다만 날마다 태어나는 다채로운 아우라다.

〈오늘 시작했어요〉 결코 이 시는 말장난 소꿉놀이가 아니다. 위트와 해학을 따뜻한 감성으로 품어 산란한 꽃씨다.

이 꽃씨는 시인의 가슴에서 오래도록 피워낼 시의 씨앗이다.

여기서 다음의 시와 차 한 잔을 나누며 말을 걸어보자.

대낮은 여름인데
밤엔 귀뚜라미 울어댄다
끊어질듯 이어지는 멜로디
그 속에 소주 한 잔 있다
알싸한 액체가 목줄을 타고 흘렀다

혼미 해지는 기억 너머
차갑게 식어버린 흔적들
화롯불 같은 따스함이
흔들어 깨운다

기력을 잃은 나뭇잎들
비처럼 떨어지는 창밖으로
가만히 손 내밀었다
안개무덤이 당긴다
세상과 어울리려 허물을 벗는

살기위한 꼼수인가
아니다 그것은 바로
새로운 삶을 위한 도약인 것이다

밤이 아프기도 하다가
고요 속으로 가며 웃는다

〈혼술〉전문

김정희 시가 태어나는 미학적 우량(優良)은 따뜻한 언어의 곡선에 있다. 마치 곡선은 꿈꾸는 둥지를 감돌고 있다. 그의 시에 찬 손을 넣으면 따뜻하다. 그래 토착된 풋내와 익어가는 냄새가 향기롭다. 시가 언어를 낚는 것이 아니라 언어에게 미끼를 주기에 그렇다.

'혼술' 역시 언어의 환상에 빠져 횡설수설 하지 않고 '아픈 밤을 고요 속으로' 눕히고 있다.

다음의 시를 들면 그 깊은 무게에 기댈 수 있다.

단발머리 나풀대며
꿈과 꿈 사이를 달렸던 수많은 시간
바람에 안겨 세월을 먹다보니
어느새 살아갈 날이 살아온 날보다
적어짐을 느낄 때
싱싱했던 날들을 되짚어 본다

기억조차 없는 수많은 글을 읽으며
눈물짓고 분노하고 콩닥거렸던 밤
눈빛 마주치며 다짐한 이야기
한밤중 앓는 아이 둘러업고 달렸던
숨 막히게 살아온 시간의 무게까지
보자기 속에 꼭꼭 담아 에스컬레이터에 올랐다

누구를 위한 무언가를 위한 절제된 삶에서
날 위한 내 것을 만들어가는 지금이 좋아서
오랜 동안 머무르고 싶은데
타성에 젖은 미련이 아직도 뒷걸음치게 한다
반들거리는 세월의 씨앗 안고 한발 올렸다

〈에스컬레이터를 탔다〉전문

시인은 가끔 방안에 앉아 도시의 안부를 묻는다.

도시는 물감과 소리가 익어서 투영된 하나의 무늬다. 긴장이 풀리지 않은 빛의 반란이다. 집과 집이 담장과 골목이 부대끼며 아는 척 살아가는 울이다. 그 내재된 상황은 현실의 시공간 속에서 하늘을 따며 빗물을 받는 '바람에 안겨 세월을 먹다보니'와 같은 시간의 둥지다.

이처럼 김정희 시인이 구가하는 언어의 맥박은 '숨 막히게 살아온 시간의 무게' 를 지고 올랐을 고단한 계단일 수도 있다. 각박한 세상의 텃밭에서 일구어낸 땀의 향기가 흥건하다. 결국 시의 응어리는 삶의 흉터이자 부뚜막의 냇내가 아니겠는가. 그의 시적 토양에는 붉은 오후가 주렁주렁 열렸다.

다음의 시는 김정희 시인의 시세계의 품성品性과 품성稟性을 지탱하는 선명한 나이테다.

혼란한 세상에
난무하는 언어의 횡포
공중파 지상파 소용돌이에 어지럽다
진짜뉴스 가짜뉴스에 가려져

눈처럼 쌓이던 살갑던 이야기들
무참히 흔적도 없네

어떤 날은 히틀러와 플라톤을
또 어떤 날은
노스트라다무스와 석가모니를
만날 때도 있었다
흐르는 시간이 조급하여
무두질도 하고 담금질도 하며
빠른 용서와 성근 사랑을 해야겠다

마두금 소리에 젖을 물리고
사막을 횡단하는 낙타의 인내처럼
감동의 메시지 음악처럼 흐르면
한바탕 뜨거운 눈물을 흘려야 겠다
사랑과 화해의 바이러스가
물결처럼 퍼질 수 있게
이제 눈물을 흘려야한다

〈파의 논리〉전문

시인의 시적 수상(隨想)은 주술이 아니다. 사람의 뿌리에서 돋아나는 아름다운 이상(理想)을 양심의 언어로 수놓고 있다.

김정희 시인은 사회적 불온한 알레르기를 '사랑과 화해의 바이러스'로 언질하고 있다. 그의 간구는 심미적 미학의 아이러니가 되어 세상의 낮은 무릎으로 일어선다. 언어의 환상적인 무희로 흥정하지 않는다. 그러기에 그의 시는 모호한 관념과 지나친 수식어로 시적 감흥을 훼방 놓지 않는다. 그의 시는 아픈 세상의 전설이 아니라 찢어진 옷을 깁는 언어의 바느질이다. 한 땀 한 땀 심어가는 세상과의 품앗이다.

또한 그가 표시하는 시적 실천의 고지는 정상에 있지 않고 세상의 바닥에 있다. 그의 시는 평범한 사람들의 일상적 플랫홈에서 자주 마주친다. 대중과 호흡하는 공명의 무드가 정황을 조일 때 가슴이 일어서며 감성의 극치에 이르게 한다.

그래서 그의 시는 분석하면 모른다. 소리 내어 뱉으면 체증이 후련하다.

그럼에도 시의 모퉁이에 움튼 아포리즘(aphorism) 싹들의 경쾌한 발자국소리가 청명하다.

구름이 제 길로 가는 걸 가로막지 않으며 새로 난 길과 선불리 팔짱도 끼지 않는다.

김정희 시인이 물을 내리는 시상의 설거지는 때 묻은 타성을 예민하게 따돌리고 있다. 그러나 세상사 살가운 귀띔은 언어의 애교로 말문이 신선하다.

그의 시는 결코 세상물정에 야박하지 않다.

그는 바람결을 따다가 언어의 둥지를 짓고 따뜻한 품으로 꿈결을 짜내는 물레의 시인이다. 아니 꿈나루 시인이다.

그러기에 그의 시상의 노래는 외딴집에 빨랫줄이 되다가 처마 끝에 풍경이 되기도 한다.

그가 자주 구름을 타고 가는 시심의 섬은 아직 여기에 있다.

김정희 시인!

오늘 시작(詩作)했어요.

초판인쇄 | 2019년 2월 25일
초판발행 | 2019년 2월 28일

저　　자 | 김정희
펴 낸 곳 | 제3의 문학

주　　소 | 경기도 여주시 명성로 84-20
전　　화 | Seoul Office / (02)2279-3357~8
E-mail | 3munhak@hanmail.net

출판등록 | 2008. 8. 21 제1-2727호

가　　격 | 9,000원

ISBN 978-89-89629-09-2